SOUVENIRS DES MAISONS

de Vaugirard

et d'Auteuil

DÉDIÉS AUX ANCIENS ÉLÈVES

PAR

E. TABARIÉS DE GRANDSAIGNES

Auteuil. — Cour d'honneur.

PARIS
IMPRIMERIE & LIBRAIRIE DE CH. NOBLET
13, RUE CUJAS, 13

1905

SOUVENIRS DES MAISONS

de Vaugirard

et d'Auteuil

DÉDIÉS AUX ANCIENS ÉLÈVES

PAR

E. TABARIÉS DE GRANDSAIGNES

Auteuil. — Cour d'honneur.

PARIS
IMPRIMERIE & LIBRAIRIE DE CH. NOBLET
13, RUE CUJAS, 13

—

1905

Souvenirs des maisons
DE
Vaugirard et d'Auteuil

Genèse et objet de cette notice

Mes chers camarades,

1870-1905 ! Voici trente-cinq années que la dernière incarnation de nos vieux établissements scolaires a disparu. Combien de choses remontant à son origine ont à peine laissé un souvenir ! Combien d'autres qui lui sont antérieures se trouvent effacées de toutes les mémoires ! Quel fait étrange, si nous y réfléchissons, que de nous retrouver encore nombreux à chacune de nos réunions annuelles, malgré les éloignements, les multiples disparitions, œuvre nécessaire du temps ! Combien faut-il que soit fort le lien de solidarité qui nous a unis jadis, qui nous relie toujours étroitement !

Il durera longtemps encore, nous voulons l'espérer ; mais il doit finir par se dissoudre sous l'influence des lois qui régissent la nature entière, qui font que les vieux arbres d'une forêt tombent tour à tour, revivant dans leurs rejetons.

En attendant, serrons nos rangs ; échangeons nos souvenirs, nos amitiés ; retrouvons-nous ensemble dans ces banquets vraiment amicaux, où les diversités possibles d'opinion sur les hommes et les choses sont soigneusement déposées au vestiaire ; ne négligeons aucun moyen de faire revivre notre passé.

Le sympathique président que notre Union amicale s'est donné a estimé que, pour parler à vos cœurs, pour parler à vos yeux, pour faire revivre d'une manière durable tout votre passé, il convenait de consacrer quelques pages à l'histoire générale de notre vie scolaire, qui commence à la rue du Regard, se continue à Vaugirard et s'achève à l'institution Notre-Dame d'Auteuil, en y joignant des vues de ce dernier établissement et l'histoire ancienne de la belle propriété qu'il occupait.

D'où vient que, pendant plus d'un demi-siècle, nos maisons, institutions libres, ont prospéré de si remarquable façon, ont gardé le même esprit ? C'est qu'elles ont eu l'heureuse fortune de voir successivement à leur tête trois hommes du plus singulier mérite : l'abbé Teysseyre, l'abbé Poiloup, l'abbé Lévêque.

La rue du Regard et l'abbé Teysseyre

Dans le parloir de l'institution Notre-Dame, salon d'un vieil hôtel historique, en pendant au portrait de l'abbé Lévêque, notre directeur, on remarquait celui d'un homme jeune et svelte, aux traits fins au regard intelligent et doux, tenant à la main un cahier. On le signalait avec vénération, comme étant celui de l'abbé Teysseyre, le fondateur de la maison ; ce qu'il tenait, c'était le *Règlement*, dont il était l'auteur.

L'abbé Teysseyre (Jérôme-Antoine-Paul-Émile), né en 1785, le 13 juin, à Grenoble (1), après avoir été brillant élève, puis répétiteur à l'École polytechnique, était devenu l'un de ces prêtres sulpiciens qui ne sont point associés en congrégation, ne font point de vœux, mais ont pour but de créer, en les étudiant et les formant dès l'enfance, des prêtres attachés au sacerdoce, et en accomplissant dignement tous les devoirs. Mais depuis la Révolution (qui avait balayé toutes les œuvres des Sulpiciens à Paris, grand et petit séminaire, Communauté des philosophes, Clercs de la paroisse) et les massacres de septembre 1792, qui avaient moissonné dans leur fleur tant de jeunes hommes destinés au sacerdoce, celui-ci se recrutait difficilement. L'abbé Teysseyre eut la pensée de restaurer l'ancien collège des Clercs de Saint-Sulpice dont l'existence remontait à la fin du dix-septième siècle. Il lui donna le nom de Petite communauté des Clercs de Saint-Sulpice ; on disait habituellement : *La Petite communauté*.

(1) *M. Teysseyre, ancien élève de l'École polytechnique, prêtre de Saint-Sulpice, fondateur de la petite communauté des clercs de Saint-Sulpice, sa vie, son œuvre, ses lettres, par l'abbé Paguelle de Follenay.* In-12. Paris, 1882.

L'abbé Teysseyre composa un règlement pour cette réunion d'enfants ou de tout jeunes gens, dont il ne conduisait pas les études au-delà des classes de grammaire, c'est-à-dire de la quatrième. Il imagina l'institution de présidents d'études, pris parmi les élèves qui réussit fort bien. Les bases de son œuvre achevées, il confia à un supérieur la direction immédiate de celle-ci.

Ce fut le 2 février 1814 qu'il commença par louer rue du Pot-de-Fer, à un quatrième étage, deux chambres pour y installer quatre enfants, qu'il appela « Petits clercs de la Communauté de Saint-Sulpice », dont il allait diriger les études et étudier la vocation. Bientôt il eut quarante enfants, pour lesquels il loua deux chétives maisons rue Férou.

L'affluence des élèves amena promptement le fondateur à s'agrandir; il prit en location, rue du Regard, au n° 20, un vieil hôtel dont les salons dorés et sculptés furent transformés en dortoirs et autres locaux nécessaires au fonctionnement d'une institution; une grande chambre carrée servait de chapelle. Bientôt on s'annexa deux propriétés voisines, consistant en cours et hangars, où l'on fit un réfectoire, des classes, des dortoirs, le tout d'une simplicité antique; deux ou trois domestiques seulement prêtaient compendieusement leur aide aux élèves et aux maîtres qui, presque à eux seuls, avaient à tenir la maison et à vaquer aux soins de ménage.

Des épreuves survenaient. Par suite d'une gaminerie, la maison faillit être fermée en 1815. Napoléon, au retour de l'île d'Elbe, en vue de la défense de Paris, avait adjoint à la Garde nationale, sous le titre de *fédérés*, des hommes de bonne volonté, souvent peu recommandables. Le Parisien, toujours frondeur et amateur de chansons séditieuses, composa le *Chant des fédérés*, fort désobligeant pour eux.

Les élèves de la Petite communauté ne manquèrent pas de l'apprendre et s'avisèrent, un jour de promenade à Gentilly, de le chanter à la barbe de certains *fédérés* qui se fâchèrent et requirent l'autorité. Le lendemain matin, un officier d'état-major du général de la Garde nationale se faisait ouvrir les portes de l'établissement de la rue du Regard, où l'on fut consterné à sa vue. Il se contenta, en punition du scandale, d'inscrire les élèves et les maîtres sur les rôles de la Garde nationale fédérée, en les obligeant à aller travailler aux fortifications que l'on improvisait à Paris.

Les dépenses croissaient avec le nombre d'élèves et de professeurs. Louis XVIII vint en aide, en fondant seize bourses d'élèves et quatre de professeurs, et en donnant aux élèves boursiers le titre de clercs de la chapelle royale, qui devint fort recherché parmi eux. Plus tard, Charles X institua plusieurs autres bourses d'élèves.

C'est en 1815, le 23 octobre (1), qu'entra dans la maison celui qui devait être Mgr Dupanloup, le grand évêque d'Orléans, une gloire de la France et de l'Église, pour le moment un vif et sympathique camarade pour ses nouveaux condisciples. « Ce fut -- a-t-il dit -- M. Teysseyre qui me
« porta au vif de l'âme (au cours des cathéchismes de Saint-
« Sulpice) le coup le plus fort. C'était un prêtre angélique.
« Dès qu'il apparut au milieu de nous, son visage et son
« regard me pénétrèrent ; il nous parla avec une éloquence
« grande et simple. Sa parole était une flamme vive et ten-
« dre, j'en fus saisi. »

Sous ces fortes et bienfaisantes influences, se créait ce qu'on a appelé et que l'on dénommait encore cinquante ans plus tard, à Auteuil : « l'esprit de la maison », composé de soumission pieuse, d'affectueux dévouement à la maison, aux maîtres, au directeur, même aux camarades, d'urbanité dans les relations scolaires et extérieures, d'une teinte générale assez aristocratique, de tendance à fronder — suivant l'usage des étudiants — le gouvernement existant, dans son chef ou dans ses conseils.

L'abbé Teysseyre mourut prématurément, le 23 août 1818 ; mais son œuvre préférée devait lui survivre.

L'abbé Icard, puis l'abbé Martel prirent la direction de la maison de 1818 à 1823 ; ensuite l'abbé Poiloup en devint le supérieur, avec M. Georget comme coadjuteur. « Je l'aimai beaucoup ». a dit de l'abbé Poiloup Mgr. Dupanloup, qui resta rue du Regard jusqu'en 1821. « Il avait la réputation d'un saint, le visage aimable ; il parlait bien et avec onction ». —

---

(1) *Vie de Mgr Dupanloup, évêque d'Orléans*, par M. l'abbé Lagrange, chanoine de Notre-Dame de Paris, vicaire général d'Orléans (mort évêque de Chartres). 3 volumes. 1883.

« En ce temps-là » (a noté un de nos vieux et excellents ca-
« marades (1), qui a vu le crépuscule de la rue du Regard et
l'aurore de Vaugirard), « l'abbé Poiloup n'était pas l'homme
« affaibli de ces derniers temps à Vaugirard. Il était dans
« toute sa verdeur, dans toute son activité, levé le premier,
« couché le dernier de la maison. Pas rieur (sévère, mais
« juste, disait la légende d'une charge que l'on s'était permis
« de faire sur lui), bon, paternel, doué d'une merveilleuse
« intuition pour connaitre les gens. C'était vraiment un
« remarquable fondateur, organisateur et directeur. Et avec
« quelle simplicité de moyens, quelle primitive installa-
« tion ! »

L'abbé Georget était l'*alter ego* du directeur; gros homme,
dépourvu de la distinction de ce dernier, parlant peu,
n'ayant pas eu cinq minutes de mauvaise humeur dans sa
vie, l'âme de la maison, un artiste, architecte des nouvelles
constructions plus peut-être que l'architecte lui-même,
prêtre doux et à grandes idées, d'une rare modestie. On ne
le voyait en rien, on le sentait partout.

Bien que le nouveau directeur eût décidé, en principe,
qu'il ne prendrait comme professeurs que d'anciens élèves
de la Petite communauté, il leur adjoignit M. Place, professeur de cinquième, puis d'histoire (dont nous verrons
plus loin la grande carrière épiscopale); M. Joseph Chardon,
qui finit par diriger Auteuil; M. Jacquemet, qui devint évêque de Nantes.

L'institution de la Petite communauté devenait décidé-
ment prospère, lorsqu'un conflit de juridiction entre l'archevêque de Paris, Mgr de Quelen, et le grand aumônier, Mgr de
Croy, vint jeter le trouble dans son fonctionnement.

Après quelques années d'attente, l'abbé Poiloup, en 1827,
prit une décision utile, de nature à couper court à tout conflit de juridiction ecclésiastique : il affilia sa maison à
l'Université, sous le nom d'Institution royale de plein exer-
cice; il avait ainsi le droit de faire poursuivre les études
des élèves dans les classes d'humanité, jusqu'à la rhétori-

---

(1) M. Jules Gaudry, ingénieur, qui, à son âge actuel de quatre-vingt-
sept ans, a conservé toute sa verdeur, toute sa mémoire, et dont les notes
intimes et la conversation intéressante m'ont été bien précieuses pour
faire revivre ces antiques souvenirs.

que et à la philosophie. Dès lors, le développement de la maison reprit son cours. Le 26 juillet 1829, l'abbé Poiloup acquit la belle propriété de Vaugirard, à titre, d'abord, de maison de campagne, d'établissement annexe, où l'on installa, le 1er mai 1830, une division de jeunes enfants; l'abbé Poiloup y bénit la chapelle. Le même mois, en l'honneur de l'inauguration, il y eut grande fête à Vaugirard, illuminations et feu d'artifice dans le parc.

Le 28 juillet, tous les élèves de la rue du Regard — ceux des grandes classes — étaient venus en promenade à la campagne de Vaugirard, lorsque retentit, venant de Paris, le bruit sinistre du canon. La révolution, commencée la veille par un combat au Palais-Royal, s'étendait au cœur de Paris ; on se battait, avec le triste acharnement des guerres civiles, autour de l'Hôtel de Ville, dans les rues Saint-Denis et Saint-Martin.

Une populace grondante vint battre les murs de la propriété de Vaugirard, où l'on avait vu entrer et se réunir des soutanes, des calotins. La présence d'esprit et la munificence, sous forme d'offrandes comestibles et libatoires, du représentant de la maison sauvèrent les jeunes gens d'un conflit qui paraissait imminent, et l'on put regagner la rue du Regard.

Mais la Révolution de 1830 s'était accomplie; la royauté protectrice avait disparu; l'établissement allait manquer de la ressource annuelle de 25 à 30.000 francs que procuraient le service de la chapelle du roi fait par les jeunes clercs, les bourses royales, les dons princiers.

L'abbé Poiloup évita de sombrer en abandonnant alors l'idée de préparation au sacerdoce et en s'engageant délibérément dans la voie de l'enseignement pur et simple, sans se départir, bien entendu, de ce que l'on avait appelé déjà l'esprit de la maison. L'approbation et le concours des pères de famille l'encouragèrent et le soutinrent.

Mais cela n'alla pas sans de graves soucis; de grosses affaires étaient engagées et l'argent manquait; pendant plusieurs années, après la Révolution de 1830, on demanda aux élèves de prier « pour la maison en danger ».

Deux grands immeubles occupés à la fois étaient une lourde charge; leur éloignement mutuel amenait une gêne dans la surveillance, occasionnait des pertes de temps. On se mit en demeure de tout transférer à Vaugirard ; de grands travaux de constructions y furent commencés en 1834, et, le 12 décembre 1835, la rue du Regard fut abandonnée ; l'abbé Poiloup se transporta à Vaugirard, qui compta dès lors près de 300 élèves.

Vaugirard et l'abbé Poiloup

Lorsque l'abbé Poiloup acquit la propriété de Vaugirard, il n'y existait que les bâtiments que l'on voit au milieu des constructions actuelles, sur une longueur d'environ quarante mètres avec une toute petite chapelle au centre ; mais il y avait de l'espace dans le grand parc, planté d'allées de tilleuls. Des agrandissements considérables furent effectués en 1834 et 1835 ; plus tard, les P. P. Jésuites en ajoutèrent d'autres, de sorte qu'il est difficile aujourd'hui de retrouver la maison originaire (1).

La discipline était sévère, les sorties rares. Mais l'abbé Poiloup eut le talent de rendre le séjour agréable dans la maison par des fêtes et des distractions de toutes sortes. Dans la chapelle nouvelle, peinte par Fragonard fils, les cérémonies somptueuses se succédaient fréquemment, motivées non seulement par les fêtes normales, mais par la visite de grands personnages, d'évêques qui officiaient pontificalement dans cette maison, devenue tout à fait en vue et recherchée, notamment de la part de l'aristocratie. Le bon musicien et compositeur Nicou-Choron conduisait un chœur nombreux, une fanfare importante d'élèves, renforcés par des artistes de premier ordre venus de l'extérieur ; il faisait exécuter ses œuvres (2) ; il composait la musique de la cantate des prix sur les paroles d'un professeur de la maison, d'un sérieux mérite, M. de Vitry, dont je parlerai plus longuement. Des comédies, désignées sous le

---

(1) C'est maintenant le collège de l'Immaculée Conception (rue de Vaugirard, nos 389 à 393, rue Lacretelle et rue Vaugelas) appartenant à une Société civile Le prospectus de cette institution donne une vue générale de tous les bâtiments, où l'on reconnaît encore les plus anciens, et du parc.

(2) Les publications musicales de Nicou-Choron sont fort nombreuses, et souvent d'une réelle valeur.

nom moins mondain et inoffensif de *charades*, œuvre souvent de personnes de la maison, étaient jouées et chantées par les élèves, qu'elles amusaient beaucoup, qu'ils fussent acteurs ou spectateurs. Les concerts, les illuminations, les feux d'artifice apparaissaient plusieurs fois dans l'année, notamment à la Saint-Ferdinand, fête du directeur.

Rappelons en quelques traits les principaux professeurs qui secondaient l'abbé Poiloup dans la conduite de la maison.

Une personnalité remarquable était celle du professeur de rhétorique, l'abbé Lévêque, homme encore jeune, de manières distinguées, souriant, aimable, spirituel, en même temps que savant minéralogiste.

Sa classe était un modèle d'entrain et de direction libérale. Il avait institué un compte rendu satirique hebdomadaire ; il y avait aussi des séances d'essai de tribune aux harangues. D'autre part, l'abbé Lévêque montra peu à peu des talents d'administrateur qui finirent par en faire le coadjuteur du directeur et le mirent en relations constantes avec les familles.

L'abbé Chardon, dont le nom devait rester si longtemps attaché à nos maisons, était, dès l'origine de Vaugirard, ce qu'il a toujours été : un homme bon, simple, naïf, sensible à l'excès, aussi peu capable, d'ailleurs, de maîtriser des élèves taquins ou turbulents que de gouverner une grande institution. On le vit successivement professeur — non sans mérite — de cathéchisme et d'histoire, préfet de discipline de la deuxième division, directeur de la troisième.

L'abbé Mabire, homme dont la réputation dépassa l'enceinte de la maison, fut professeur d'histoire, puis de philosophie. D'un physique grêle, ingrat, qui pourtant imposait le respect, il était d'une étonnante modestie, d'une bonté et d'une élévation d'esprit qui en faisaient l'idéal du saint prêtre et lui attiraient les cœurs de tous les élèves. Disons tout de suite qu'après la vente de Vaugirard aux P. P. Jésuites, il alla fonder, avec un grand succès, une maison du même genre à Caen, son diocèse, où il devint ensuite grand vicaire.

Il est difficile de rencontrer un homme d'un caractère plus singulier, d'une vie plus mouvementée, mieux doué sous bien des rapports, que M. de Vitry (Modeste, de son prénom). Il était, à Vaugirard, grand, beau garçon, élancé, musicien d'instinct, violoniste, tromboniste, organiste principal de la chapelle, poète, auteur de cantates et de petites pièces fort humoristiques, pétillant d'esprit, avec cela bon garçon; toutefois paresseux, comme beaucoup d'artistes. Élève remarquable dans ses classes, il devint ensuite professeur, puis entra au séminaire, puis redevint un des professeurs distingués de Vaugirard. Lorsque cette maison passa aux P. P. Jésuites, il se fit nommer, pour quelque temps, fonctionnaire public et fut, sous l'Empire, inspecteur de l'Académie de Dijon. Plus tard, il se maria, à deux reprises, la seconde fois à la sœur de nos camarades de Bonadona, et il devint père d'une nombreuse famille, toujours spirituel et aimable, organiste d'une des églises de Paris, en même temps que grand propriétaire vinicole en Bourgogne.

Charles Place, alors laïque, enseignait l'histoire avec un libéralisme et une impartialité remarquables. Il était de taille moyenne, à peu près imberbe, fort bel homme, pâle, avec de beaux yeux très doux, un sourire léger, un caractère froid et néanmoins fort sympathique. Plus tard, ordonné prêtre, il alla à Orléans où il devint le bras droit de Mgr Dupanloup; nommé ensuite évêque à Marseille, on sait qu'il décéda cardinal-archevêque de Rennes.

C'était un laïque aussi le professeur Lescleux, Breton pur sang, fécond en traits d'esprit, parfois sardonique, bel homme, très aristocratique, empoignant conteur des légendes de la Bretagne, des aventures de ses corsaires, des épisodes de la chouannerie, très bon professeur, mais d'un caractère inégal qui tantôt charmait, tantôt irritait ses élèves. Ceux-ci furent surpris, plus tard, d'apprendre qu'il s'était fait prêtre; il fut évêque, et évêque vénéré, à Quimper, son pays natal.

L'abbé Saingrain fut une des colonnes de la maison Poiloup dans les ingrates et délicates fonctions de préfet de discipline; il était en même temps premier professeur de catéchisme, avec une hauteur de vues et un libéralisme qui exercèrent une excellente influence sur ses élèves. Après la transformation de la maison, il refusa une cure, devint aumônier d'un couvent et, fort atteint dans sa santé, ne tarda pas à s'éteindre.

Nommons encore, parmi les professeurs, M. Lartigue qui, plus tard, se fit prêtre, devint curé à Paris, fut appréhendé comme otage pendant la Commune, mais put alors échapper à la mort; M. Raquin, que nous avons connu à Auteuil professeur d'histoire naturelle trop peu écouté, qui, à Vaugirard, enseignait la physique et confectionnait des feux d'artifice, manipulation où il faillit perdre la main; sur le tard, il se maria, ne quitta pas le quartier d'Auteuil, y devint membre respecté du Conseil de fabrique et mourut plus qu'octogénaire; l'abbé Drioux, qui prit la chaire de philosophie en 1851 et sur lequel nous reviendrons.

Rappeler quels sont les élèves de Vaugirard qui ont laissé, à divers titre, un souvenir particulier ou sont arrivés à figurer dans l'histoire de notre pays, serait un travail qui dépasserait de beaucoup les limites de cette modeste notice.

Citons au hasard, à côté des noms historiques de Châteaubriant, de Polignac, de Cadoudal qui se retrouvaient à l'institution, celui d'Albert Gaudry, le paléontologiste bien connu qui a introduit dans la science professée par lui de hautes spéculations philosophiques, membre de l'Institut; le populaire général de Geslin; de Baillencourt, de Cornulier Lucinière, de Lauriston, devenus aussi généraux; Cruice, d'origine britannique, qui fut évêque de Marseille; Lerebours, à l'esprit délicat, fin et élevé, qui devint le distingué curé de la Madeleine; de Villemessant, gros et jovial garçon, bon camarade, qui fonda et dirigea longtemps *le Figaro*; de Bussy, futur curé de Saint-Gervais, et son frère Louis, plus tard remarquable ingénieur et membre de l'Académie des sciences; les trois Espivent de la Villeboisnet; Monagon, qui fut évêque; les Denormandie, dont l'aîné devint sénateur et gouverneur de la Banque de France; les trois de La Bouillerie, dont l'un fut ministre, un autre évêque à Carcassonne.

« J'en passe et des meilleurs. »

Rien ne semblait de nature à arrêter l'essor de la maison,

qui comptait environ 400 élèves, lorsque se produisit une situation qui l'amena à succomber, on peut le dire, sous sa prospérité même.

En effet, l'abbé Poiloup finit par se laisser prendre au piège dangereux des adulations dont il ne cessait d'être accablé de tous côtés. « Plus flatté », a écrit un témoin de ces choses, « que Louis XIV ne le fut jamais », il cessa peu à peu de se montrer le paternel et actif directeur, charmeur des familles. Amolli dans la richesse et le confort, il devint souvent désagréable envers les élèves et les parents, dur et grondeur envers les professeurs.

A la longue, les mécontents reportèrent leur attachement sur l'abbé Lévêque qui gardait, lui, toutes ses qualités agréables. On tenta, enfin, de faire comprendre au directeur vieilli, alourdi, sédentaire dans son appartement, qu'il était préférable pour lui et pour tous, qu'il se retirât, laissât la place à quelqu'autre et se confinât dans un repos bien gagné.

L'insinuation fut fort mal reçue et celui qu'elle concernait y répondit par un coup d'État bien inattendu.

Un beau jour, au mois de mai 1852, on apprit que l'abbé Poiloup venait de céder son établissement aux P. P. Jésuites qui allaient y amener leur personnel enseignant. Ce fut un coup terrible pour tous les professeurs, qui perdaient soudain leur situation, et pour beaucoup d'élèves et de familles, qui préféraient l'enseignement libre et semi-laïque de la maison à l'enseignement congréganiste des Jésuites.

Mais on se rallia autour de l'abbé Lévêque; on l'engagea à se transporter autre part, à acquérir un immeuble; beaucoup de professeurs lui promirent leur concours, beaucoup de parents lui ouvrirent leur bourse. Il découvrit, à Auteuil, une belle et grande propriété à vendre, l'acquit et trouva le moyen de s'y installer dès la rentrée suivante, avec environ deux cents élèves, une vingtaine de professeurs et le personnel nécessaire au service. C'était un tour de force, il réussit.

Auteuil, l'abbé Lévêque, l'abbé Chardon

La propriété d'Auteuil, dont la contenance était alors

d'environ six hectares, tenait et aboutissait sur divers points à la rue et à la place du Buis (1) (où s'ouvrait la grille d'entrée), à la rue Boileau, à la rue de la Réunion (actuellement rue Jouvenet), sur beaucoup d'autres, à de grandes ou à de petites propriétés particulières. Après le décès de M. Lavessière, enrichi dans l'industrie des métaux, qui l'avait occupée pendant près de vingt ans, ses héritiers l'avaient mise en vente, et M. Lévêque en était devenu l'acquéreur, au nom du groupe d'intérêts qu'il représentait.

L'abbé LÉVÊQUE,
Directeur de l'Institution Notre-Dame.

Les constructions (qui ne s'étaient point modifiées depuis le siècle précédent, ainsi qu'on le verra plus loin), consistaient en un pavillon central, accosté de deux ailes inégales, avec deux bâtiments séparés perpendiculaires à sa façade et encadrant deux des côtés de la cour d'honneur, le tout bien insuffisant pour loger deux cent cinquante personnes et ins-

(1) Ainsi nommées parce qu'il y avait autrefois, sur la petite place qui précède la grille d'entrée, une de ces croix *boissières* que l'on décorait de buis le jour des Rameaux.

taller les locaux nécessaires aux études, aux classes, aux réfectoires, à la chapelle.

On commença par prendre en location, pendant quelque temps, pour y placer une grande partie des élèves, un autre hôtel, situé aussi grande rue d'Auteuil, faisant face à la propriété Lavessière et connu sous le nom d'hôtel Pérignon (1), parce qu'il était, au commencement du dix-neuvième siècle, la propriété et le séjour habituel de Pierre Pérignon, qui fut président du Conseil général de la Seine.

En même temps, on se mit à construire hâtivement un vaste et haut bâtiment faisant suite à l'aile gauche (en entrant par la cour d'honneur) du vieil hôtel Lavessière-Ternaux. L'architecte était M. Féry, ami de M. Lévêque, grand amateur, comme lui, de minéralogie, de goût artistique, qui érigea plus tard le monument funèbre de M. Lévêque et qui se construisit une petite maison, contenant un véritable musée, dans une parcelle du parc donnant rue Boileau. La construction scolaire ne demanda guère plus d'une année; elle devait recevoir les élèves des deuxième et troisième divisions. Dans l'aile droite ancienne furent installés ceux de la première division ainsi que la chapelle, et des classes furent construites dans le préau correspondant, ainsi qu'un bâtiment où travaillaient les élèves se préparant aux sciences. Des hangars couverts pour les jeux, des clôtures basses, laissant la vue du parc, pour les préaux, un très beau et très complet gymnase, ne tardèrent pas à compléter l'installation scolaire. En 1853 eut lieu, sous une vaste tente montée à l'entrée du parc, la première distribution des prix, présidée par Mgr Dupanloup.

Vous vous souvenez, mes chers camarades, de ce beau parc, où se déroulaient de si vastes pelouses, où l'on n'avait de tous côtés pour horizon que les lignes harmonieuses de vieux arbres, curieusement choisis, artistement répartis. Vous savez quel cadre il était pour les fêtes de jour ou de nuit, données à l'occasion des prix, de la Saint-Louis, fête du directeur, de bien d'autres circonstances, pour les jeux que l'on y permettait parfois aux élèves, pour les prome-

---

(1) V. *Bulletin de la Société historique d'Auteuil et de Passy*, 1904, p. 69 et suivantes : *Hôtel Chardon Lagache-Pérignon*.

nades qu'ils y faisaient avec leurs parents, lorsque ceux-ci venaient les visiter.

La philosophie était professée par l'abbé Drioux (Claude-Joseph, né en 1820, à Bourdons, Haute-Marne), gros homme, d'apparence épaisse et débonnaire, mais d'esprit fin, d'élocution aisée, malgré un zézaiement fréquent, d'une grande instruction. Il était l'auteur de nombreux ouvrages, dont nous ne connaissons que les plus usuels, c'est-à-dire les moins bons : *les Apôtres* ou *Histoire de l'Église primitive*, les *Fêtes chrétiennes*, une traduction de la Somme de Saint-Thomas, *Précis de l'Histoire de l'Église*; cours de philosophie, de littérature, d'histoire et de géographie, atlas géographiques, en collaboration avec Leroy. Ceux qui l'écoutaient profitaient bien de son enseignement; il faisait aussi le cours supérieur d'instruction religieuse qu'il rendait fort intéressant. Après avoir professé douze années à Auteuil, il devint, en 1863, prédicateur à Paris. En 1887, il alla s'établir dans son château historique de Lanty (Haute-Marne); il y mourut en 1898, laissant un testament où il avait écrit : « J'ai lu les phi-« losophes, j'ai lu les théologiens, j'en suis toujours revenu « à la foi du cathéchisme ». L'abbé Drioux était docteur en théologie, missionnaire apostolique, chanoine honoraire de Langres, chevalier de la Légion d'honneur, officier de l'instruction publique (1).

La rhétorique était bien enseignée et suivie, malgré le nom singulier et l'aspect rustique du professeur. L'abbé Riffard était instruit, consciencieux et sérieux, passionné sans parti pris pour les beautés de la littérature et de l'éloquence dans l'antiquité et dans les temps modernes, ennemi du style clinquant et de l'afféterie. Il intéressait aux choses à étudier; il formait bien l'esprit et le goût.

La chaire de seconde était tenue par M. Eugène Lévêque, cousin du directeur, qui avait commencé par professer en cinquième, bon garçon avec ses élèves, qu'il amusait parfois de lectures non classiques. Barbe rousse au vent, prématurément chauve, lorgnon toujours prêt à s'échapper, loquace,

---

(1) V. *Lettre pastorale de l'évêque de Langres*, à l'occasion de son décès, et sa biographie, par l'abbé Louis Martel, dans la *Semaine religieuse de Langres*. 21 mai 1898.

pétulant, montrant souvent l'air ahuri d'un poète, qu'il était en effet, il ne manquait pas d'instruction et était bon latiniste, cherchant, d'ailleurs, avec beaucoup d'ardeur et de persévérance, à former les élèves qui lui étaient confiés.

L'abbé Nicolle était un pince-sans-rire, que son caractère et ses manières semblaient bien qualifier pour la fonction de préfet de discipline de la première division, remplie d'abord par lui. Après quelques années, il la transmit à l'abbé Dufour, long personnage à lunettes, bonhomme, pas autoritaire, qui, plus tard, se laissa modestement transférer à la troisième division. L'abbé Nicolle devint alors professeur d'histoire et de géographie, enseignement pour lequel il était spécialement doué, possédant une étonnante mémoire, une remarquable précision d'idées et d'expression. Il était l'auteur d'une œuvre scolaire utile et pratique : les *Tableaux mnémoniques d'histoire* (1). Il a terminé sa carrière comme aumônier dans un établissement de Paris. Plus tard encore, on eut l'abbé Freydier comme préfet de discipline de la première division.

Celui de la deuxième division était l'abbé Durastel, la crème des hommes. Grand, mince, aux longs cheveux bruns et bouclés, distingué de tournure et de langage, d'excellente famille, il était difficile à sa nature affectueuse de se montrer sévère, au besoin, envers les élèves dont il s'occupait avec sollicitude. Après la disparition de la maison, il devint curé à Châtillon, près de Paris, où plusieurs d'entre nous se plaisaient à lui rendre visite. Il s'éteignit à la suite d'une longue et assez heureuse vieillesse.

L'abbé Chardon se montrait, à Auteuil, le même qu'à Vaugirard, bon homme, s'occupant, autant qu'il le pouvait, de la surveillance des élèves, de préférence dans les classes plus maniables de la troisième division. Officiellement, il devait aider et remplacer le directeur lui-même.

Voici maintenant une physionomie singulière dont chacun de nous assurément a gardé le souvenir :

Il arrivait parfois que la porte d'une des classes, surtout

---

(1) *Mnémonique de l'histoire* ou *Précis d'histoire universelle en tableaux séculaires, à l'usage de la jeunesse*, par l'abbé P.-C. Nicolle, professeur d'histoire dans l'institution de l'abbé Poiloup. A Paris, chez Jacques Lecoffre et Cⁱᵉ.

de celles où règnait quelque turbulence, s'ouvrait tout à coup. On voyait surgir et s'avancer à pas saccadés un personnage fantômatique, long, sec, raide, vêtu d'une longue robe noire ; il s'approchait de la chaire du professeur et, debout, se tournant vers les élèves, promenait sur eux le regard pâle et glacial de son œil bleu. Plus un souffle, plus un mouvement dans la classe ; si quelque bruit intempestif se produisait, deux doigts squelettiques frappaient violemment le bois de la chaire ou celui d'une table. Quelquefois, la bouche close et mince s'ouvrait pour des critiques individuelles ou générales, ou bien lisait, dans ce qui ressemblait à quelque grimoire de nécromant, des noms, des notes, presque toujours agrémentés de réflexions peu flatteuses. Puis la sombre apparition s'avançait lentement du fond de la salle, jetant à droite et à gauche des regards scrutateurs et sévères, et s'évanouissait au dehors, tandis qu'un soupir de soulagement s'exhalait des jeunes bouches. C'était M. Roulleau, le préfet des études.

Citons encore, parmi les professeurs : M. Caillet, en quatrième, que sa taille exiguë exposait à quelques taquineries, ce qui ne l'empêcha pas de contracter, à Auteuil, un heureux mariage ; l'abbé Leroy, bon professeur de troisième ; l'abbé Pibault, professeur de septième, tournure d'aumônier militaire, homme simple, d'apparence rude, mais de cœur excellent ; l'abbé Carré, très ferré en histoire, M. Poirier, à la barbe rutilante, père d'une assez nombreuse famille, qui réalisait, avec des succès divers, les expériences de physique et de chimie ; l'abbé Lagrange, qui devint évêque de Chartres, a passé par Auteuil.

Tels étaient les collaborateurs, zélés et généralement à la hauteur de leur tâche, qui se groupaient autour de l'abbé Lévêque et subissaient volontiers sa direction ferme, intelligente et active.

Dans ces conditions, l'institution Notre-Dame d'Auteuil (tel était le nom qui lui avait été donné) devenait prospère ; le nombre d'élèves s'élevait rapidement à trois cents et, comme on ne voulait prendre que des pensionnaires (c'est par grande exception que trois ou quatre externes ou demi-pensionnaires, dont je faisais partie, avaient été admis), l'établissement se trouvait plein, et, malgré le triage qui se faisait dans les présentations, devait refuser des candidats.

Mais, après l'année 1860, des événements malheureux se produisirent. M. Lévêque fut atteint de la maladie de larynx qui devait le conduire au tombeau et qui, peu à peu, l'isola

Monument funéraire de M. Lévêque, restauré par l'Union amicale des anciens élèves.

des élèves, des parents et des professeurs. On reconnut bien alors qu'il était l'âme de la maison ; M. Chardon, nommé sous-directeur, le suppléait, mais ne le remplaçait pas. Le nombre des élèves se maintenait cependant.

En 1864, M. Lévêque termina son existence. Voici son acte de décès, dressé à la mairie du XVIe arrondissement de

Paris par le père de notre camarade de Bonnemains (1) :
« Le 17 avril, à 11 heures du matin, devant nous, Henri Pierre
« Édouard baron de Bonnemains, chevalier de la Légion
« d'honneur, maire du seizième arrondissement de Paris, offi-
« cier de l'État civil, ont comparu Claude Jules Chardon, âgé
« de cinquante-six ans, chef d'institution, prêtre, demeurant
« à Paris, rue du Buis n° 2, et Henry Joseph Eugène Lévêque,
« âgé de trente-quatre ans, professeur, demeurant même
« maison, cousin du défunt, lesquels ont déclaré que, hier
« soir, à deux heures, Louis Joseph Lévêque est décédé en
« son domicile rue du Buis n° 2, âgé de soixante-un an, chef
« d'institution, chanoine honoraire de Paris, officier de l'ins-
« truction publique, né à Cuise-la-Motte (Oise), fils de Noël
« Joseph Lévêque et de Marie Antoinette de Bauve, son
« épouse, tous deux décédés. Après nous être assuré du dé-
« cès, nous avons dressé le présent acte, que les déclarants
« ont signé avec nous, après lecture faite. — E. Lévêque,
« J. Chardon, B. de Bonnemains. »

M. Lévêque fut inhumé au cimetière d'Auteuil sous un monument élevé par son architecte et ami M. Édouard Féry, qui fut lui-même enterré là à sa mort, en 1871 ; Jean-Louis-Florent Nanteuil, économe de l'institution y repose également. L'épitaphe latine de notre directeur est ainsi conçue :

Hic quiescit
In spem beatæ resurrectionis
Ludovicus Joseph Lévêque
Sacerdos
Et ecclesiæ parisiensis
Canonicus ai honores
Qui
Autolii
Domum ad juventutem christianè informandam
Piè formavit et per 12 annos sapienter rexit
Obiit die 16 aprilis anno D. 1864.

M. Chardon, devenu directeur, s'efforça de poursuivre la tâche accomplie par son prédécesseur ; mais son autorité n'était pas la même ; il y eut des tiraillements parmi les

---

(1) Nous avons eu la tristesse de voir récemment décéder ce dernier, qui avait largement contribué, par son zèle et son activité, au développement de notre Union amicale.

professeurs, des retraites prises avec demande de règlement des situations, de sensibles embarras d'argent.

On fut heureux qu'en 1865 l'achèvement projeté de la rue Molitor, qui allait couper le parc, permît d'aliéner près de la moitié de celui-ci, dans la partie, d'ailleurs, la plus éloignée des bâtiments. Mais la grosse somme qui fut ainsi encaissée ne releva pas la situation; le mal était trop profond et trop général. M. Laffineur, homme intelligent, devenu préfet des études, fut mis en opposition avec M. Char-

L'abbé Chardon,
second Directeur de l'Institution Notre-Dame.

don. Ce dernier résigna ses fonctions. L'abbé Valframbert devint directeur de 1868 à 1869; ensuite ce fut l'abbé Vallet, de 1869 à 1870.

Tous ces changements n'allaient pas sans une désorganisation graduelle, un déclin sensible. La guerre vint porter le dernier coup à la maison, qui ne se rouvrit pas après le 27 juillet 1870, date de la dernière distribution des prix. Plus tard, l'abbé Vervost, qui avait aussi dirigé longtemps puis vu tomber une institution de jeunes gens à Auteuil, reprit le titre d'Institution Notre-Dame, pour essayer, sans succès, de fonder un établissement du même genre sur un autre point d'Auteuil, dans la propriété Choiseul-Praslin. Plus tard encore, l'abbé Guignard, un excellent prêtre d'Auteuil, voué à l'enseignement et qui avait été professeur dans notre maison à ses derniers jours, a repris le nom d'Institution Notre-Dame pour un établissement d'enseignement qu'il dirigeait rue Boileau. Ce nom a disparu après qu'il eut cessé d'être à la tête de l'institution.

L'esprit de solidarité, de vifs souvenirs, des anciens élèves ne manqua pas de se manifester dans ces malheureuses circonstances. Sous la direction Valframbert, ils se groupèrent en association et fournirent des fonds garantis par la valeur de ce qui subsistait de l'immeuble.

Les épreuves du siège allemand, l'orage de la Commune vinrent mettre le comble aux malheurs de la maison. Dans les bâtiments, bombardés par les batteries allemandes et surtout versaillaises, occupés par les troupes de la Commune, tous les objets mobiliers furent pillés.

Quand l'ordre fut rétabli, on essaya, au cours de l'année 1871, en se mettant en relations avec l'archevêché de Paris, d'obtenir que l'immeuble fût acquis pour y mettre un établissement diocésain, tel qu'un petit séminaire ; ces pourparlers n'aboutirent pas. Enfin, en 1872, on se décida à vendre la propriété à la Ville de Paris, qui voulait y installer un groupe scolaire des plus importants ; le prix de vente était, en principal, de 835.000 francs.

Sort de la propriété où se trouvait l'Institution Notre-Dame

Telles sont, à Paris, et particulièrement dans son XVIe arrondissement et dans le quartier d'Auteuil, la fréquence et l'intensité des transformations que, bien souvent, nulle forme des choses passées ne subsiste et qu'une plaque commémorative, souvent à grand'peine obtenue, apposée sur une grande et banale maison de rapport, rappelle seule qu'il y eut sur cet emplacement un vieil établissement, de quelque intérêt historique.

C'est pour nous, mes chers camarades, une sorte de consolation de constater que notre maison d'Auteuil a échappé à ce sort commun; qu'elle est encore reconnaissable dans ses principales constructions et que c'est aussi un établissement scolaire qui lui a succédé et existe actuellement.

L'histoire de ce groupe scolaire, déjà plus que trentenaire, a été écrite et publiée (1); nous en extrayons ce qui suit, en complétant les publications faites par nos propres observations jusqu'en l'année (1905) où cette notice est rédigée. Le livre qui concerne l'École Jean-Baptiste Say contient de belles photogravures représentant notamment notre cour

Bâtiment central. — Façade sur le jardin.

d'honneur, la grille d'entrée sur la rue d'Auteuil, la façade extérieure du pavillon central, avec le vieil arbre de Judée, à gauche, que nous avons vu déjà si majestueux, s'empourprer à chaque printemps, la cour de notre première division, avec son étude dans le corps de logis central et le bâtiment de notre chapelle, un plan fort intéressant des bâtiments et des cours à l'origine de l'École Jean-Baptiste Say, c'est-à-dire, à très peu de chose près, ce qu'ils étaient de notre temps; puis des vues et des plans de bâtiments nou-

---

(1) *L'École Jean-Baptiste Say.* 1890. — *Compte rendu suivi d'un Index historique des Écoles normales de Batignolles et d'Auteuil.* 1898.

veaux ou transformés et de l'état de cette École en 1899, état qui s'est encore récemment modifié — en ce qui touche nos souvenirs — par la destruction du bâtiment de l'économat, que l'on rencontrait à droite en entrant dans la cour d'honneur (1). Des constructions importantes s'élèvent en bordure de la rue Chardon-Lagache.

L'École Jean-Baptiste Say est principalement destinée à préparer des jeunes gens à l'industrie et au commerce ; les externes sont extrêmement nombreux. C'est M. Marguerin qui, en 1872, fut d'abord chargé par M. Gréard, alors directeur de l'enseignement primaire de la Seine, de diriger le groupe scolaire.

En 1875, l'École primaire supérieure obtint son autonomie ; le département fit construire à l'extrémité de ce qui restait du parc (rue Molitor et rue Chardon-Lagache), l'École normale et l'École élémentaire annexe. En 1892, nos anciens bâtiments de la seconde et troisième divisions qui, depuis longtemps, avaient dû être étayés, furent reconstruits ; on s'agrandit sur la rue d'Auteuil et à l'angle des rues du Buis et Chardon-Lagache.

De notre vaste parc il ne subsiste plus qu'un coin respecté à l'angle des rues Chardon-Lagache et Molitor. L'entrée de l'École normale d'instituteurs se trouve rue Molitor au numéro 10.

Ce qu'a produit l'Institution Notre-Dame. Union amicale des anciens élèves

L'œuvre de l'Institution de l'abbé Lévêque à Auteuil a produit des résultats remarquables et a laissé des traces profondes. Cet éloge n'est pas seulement dans la bouche et dans les écrits de ceux qui ont passé par la maison et de leurs amis ; il est unanime ; on le rencontre dans toutes les

---

(1) Plusieurs d'entre nous trouvent intéressant, pour fixer leurs souvenirs et comparer le passé au présent, de recueillir quelques cartes postales, publiées dans ces dernières années et représentant, par exemple, la grille d'entrée et la cour d'honneur, vues d'un peu haut ; l'ensemble des bâtiments, où se reconnaissent ceux de notre temps, pris d'une hauteur plus grande encore.

publications, même universitaires (1), où il est question de cette maison. En 1877, notre camarade le docteur Pierre de Feuardent, dans la seconde édition (2) de l'*Histoire d'Auteuil depuis son origine jusqu'à nos jours*, remarquait qu'à cette époque trente-six de nos camarades siégeaient à la Chambre des députés; il citait, en outre, les noms de Martel, ancien ministre de la justice et des cultes, de Mgr de Lezebelac, évêque de Dijon, du comte Adhémar de Dampierre.

Mais il est bien d'autres de nos camarades qui ont brillé dans les diverses branches de l'activité humaine. Faut-il

Cour d'honneur. — Pavillon de gauche.
Infirmerie au temps de l'Institution Notre-Dame.

rechercher et noter, en une sorte de tableau d'honneur, tous ceux des nôtres dont les noms ont marqué et doivent rester? C'est une tentation bien naturelle, car leur grand nombre serait une démonstration évidente de la valeur du cadre scolaire où se moulaient nos jeunes intelligences. Nous résisterons cependant à cette tentation, ne voulant ni risquer des oublis, ni encourir le reproche de prétendre classer nos affections et nos gloires.

---

(1) Voir l'ouvrage déjà cité *L'École de Jean-Baptiste Say*, publié par la Ville de Paris, en 1899, à la page 221.
(2) La première, publiée en 1855, par son père, Adolphe de Feuardent, relatait les débuts de notre institution d'Auteuil.

Qui de nous, d'ailleurs, n'a présents en sa mémoire, dans les diverses classes de l'Institut les noms de Melchior de Vogüé, de Héron de Villefosse, de l'abbé Thédenat, d'Émile Picot ? Ailleurs, dans la littérature et la science, ceux de Stéphane Mallarmé, d'Amédée de Caix de Saint-Aymour, d'Henri Vallot ? Dans l'armée, ceux d'un grand nombre d'officiers généraux et d'officiers supérieurs, tels que les de Lestapis, de Gillian, le comte de Lapanouse, F. Mimerel, Merlian, de Fraguier, Auvity, Blanche de Pauniat, Arnous Rivière ? Dans la marine, ceux des vice-amiraux Touchard et Olivier de Beaumont, du directeur des constructions

Cour d'honneur. — Pavillon de droite, récemment détruit.
Économat au temps de l'Institution Notre-Dame.

navales de Maupeou ? Dans la diplomatie, les finances, l'administration, le Parlement, ceux de Georges C. de Vaux, Le Marchand, d'Aulan, J. Gay, André de Waru, les Artin Bey et Artin Pacha, le comte de Las Cases ? Dans le clergé, l'abbé Chéron, l'abbé Delaage, l'abbé Albert Girard ?

Si l'œuvre, qui eut son berceau rue du Regard et vécut à Vaugirard, a trouvé, en tant qu'établissement, son tombeau à Auteuil, il faut reconnaître qu'elle est toujours bien vivante dans ses fruits et dans l'association des anciens élèves, où elle se perpétue malgré les trente-cinq années qui se sont écoulées depuis la disparition de la dernière de nos maisons.

Après que chacun se fut un peu remis des dernières secousses de la guerre de 1870 et de la Commune qui troubla l'année 1871, la même pensée vint à l'esprit d'un grand nombre d'entre nous : se chercher, se réunir, échanger des souvenirs, tenter quelque chose en vue d'un groupement amical, durable et utile.

Pendant une quinzaine d'années, à partir du rétablisse-

Auteuil. — École J.-B. Say. — Entrée principale.
Cliché P. Marmuse, édit Paris.

ment du calme, beaucoup d'anciens élèves se réunirent en un banquet annuel, que présidait quelque haute personnalité, prise parmi eux lors de chaque réunion. Ensuite, pour des causes futiles ou fortuites, ces dîners amicaux se trouvèrent suspendus.

Mais, en 1897, un groupe de camarades résolut de les reprendre et de les perpétuer au moyen d'une organisation solide et sérieuse. Ces fervents du passé et de l'avenir étaient : le comte Henri de Chastellux, J. Gay (administrateur et bientôt président du Conseil de la Compagnie des chemins de fer de l'Ouest), E. Larmoyer, A. B. de Sainte-Anne (administrateur de la Société générale), E. Tabariés de Grandsaignes (maintenant chef du contentieux à la Compagnie des chemins de fer de l'Ouest), G. Carra de Vaux (ancien ministre plénipotentiaire).

On résolut, afin de pouvoir prendre à toute époque des mesures convenables, d'instituer un comité permanent, avec un président et un secrétaire. A l'unanimité, on acclama comme président J. Gay, dont les talents d'administrateur, l'esprit fin et chercheur, le charme d'élocution, la cordialité envers tous et l'affection sincère pour ceux qui avaient passé avec lui bien des années d'enfance et de jeunesse, étaient un gage certain de réussite pour le projet enfanté. Tous les suffrages se portèrent, comme secrétaire, sur notre bon camarade Larmoyer, que ses nombreuses relations, sa résidence à Paris et le temps dont il pouvait disposer, mettaient à même, mieux que tout autre, de rechercher des noms, des adresses, de faire de la correspondance, des visites, d'organiser des réunions. Plus tard, après le décès du regretté Larmoyer, ce fut notre excellent camarade J. Mestier que l'on prit pour lui succéder et dont le zèle et l'activité ont bien justifié le choix. On adjoignit alors au Comité Édouard Clunet, le spirituel avocat parisien, le jurisconsulte en droit international, et Ambroise Rendu, dont le labeur incessant est si bien apprécié des Parisiens, dans ses fonctions municipales, qui ne l'empêchent pas de figurer au meilleur rang dans le barreau de Paris.

Depuis l'origine de cette organisation, c'est-à-dire depuis huit années, les liens n'ont fait que se multiplier entre nous, scellés par une ou deux réunions annuelles générales, sous forme d'un dîner amical. Nous cherchons d'autres occasions de les resserrer et de montrer le culte que nous gardons pour notre passé. C'est ainsi que nous avons fait procéder, avec le concours obligeant de notre camarade Vaudoyer, l'éminent architecte, à la restauration du tombeau de M. Lévêque, demeuré fort délabré, depuis les bombardements du cimetière d'Auteuil; que nous recueillons les lettres, les portraits, les vues, les livres, les palmarès, les cantates qui se rattachent à nos camarades, à nos professeurs, à nos maisons; que nous avons décidé la publication de la présente notice (1).

C'est par centaines que se comptent encore nos anciens camarades et les adhérents à notre union amicale. Nous croyons utile de présenter ci-après la liste de ceux qui nous ont donné, jusqu'à présent, une preuve particulière de sympathie en assistant à nos banquets de la série actuelle, diners sans apparat, où règnent seulement la bonne camaraderie et l'intimité d'autrefois, voici cette liste :

Albertini, comte Amelot de la Roussilhe, colonel Arnous Rivière, A. Aubry, colonel Auvity, Ch. Aylies, Ch. de Badereau, R. de Bantel, E. Baroux, A. Bellot, commandant Blanche de Pauniat, baron de Bonnemains, Ch. Boullay, capitaine Brun, A. et H. de la Brunerie, vicomte de Caix de Saint-Aymour, comte H. de Chastellux, abbé Chéron, duc de Clermont-Tonnerre, E. Clunet, docteur Costilhes, Cottin-Angar, Courtat, Davrille des Essarts, J. Robert Degache, abbé Delaage, Donon, Drzewiecki, Dubertret, L. Duchet, Dupont, de la Durandière, L. Duranton, A. Duval, H. Falcou, Falret de Tuite, Faure Beaulieu, H. Fère, E. Ferrand, de Feuardent, X. Feuillant, A. et G. Fouret, colonel marquis de Fraguier, Gauthier, H., L. et F. Gautreau, J. Gay, Grandgeorge, Grébeaux, commandant J. de Grilleau, Grondard, A. Héron de Villefosse, d'Hébrard de Saint-Sulpice, baron d'Houdemare, A. Hudault, M. de Keravenant, N. Langlois, E. Larmoyer, comte de Las Cases, comte de Lastours, Laurent, Le Boterf, général de Lestapis, comte de Lindemann, comte de Lur-Saluces, comte de Maupeou, J. Meignan, J. Mestier, Mimerel, comte de Neuilly, colonel comte de la Panouse, Paréja, L. Peers, Petit-Bergonz, Poiret, G. Prévost, B. et L. Raynaud, A. Rendu, G. Reynaud, L. Rolland, A.-B. de Saint-Anne, G. Saint-Gilles, de Saint-Maur, baron de Segonzac, baron de Semur, Lucio Suttor, E. Tabariés de Grandsaignes, abbé Thédenat, G. Thélier, marquis de Thuisy, amiral Touchard, Trinquesse, E. et

---

(1) Le Comité serait heureux de recevoir des communications qui lu permettraient soit d'étendre son action, soit de former une série d'archive intéressantes; il témoigne, dès maintenant, sa reconnaissance au camarade Jules Gaudry, notre vénérable doyen, pour ce qu'il lui a donné ou représenté.

H. Vallot, comte de Vaublanc, Vaudoyer, G.-C. de Vaux, Vignot, A. et L. Violet, A. de Waru.

A ces noms nous espérons bien que d'autres viendront bientôt s'ajouter et qu'ils seront nombreux ; à tous ceux-là nous disons : Soyez sûrs de notre bon souvenir, de notre affection ; venez avec nous et vous vous trouverez au milieu d'une famille cordiale où l'on se plaît à remuer la cendre qui recouvre les choses anciennes, pour raviver et propager la chaleur des anciennes amitiés.

TABARIÉS DE GRANDSAIGNES.

APPENDICE

Histoire ancienne de la propriété où fut établie l'Institution Notre-Dame d'Auteuil

L'aspect et le souvenir de notre vieille propriété d'Auteuil, sa grille et son entrée seigneuriales, sa vaste cour d'honneur, les frontons des deux façades du pavillon central, son large escalier, la grandeur des salons et des chambres, son parc si bien planté, aux essences recherchées et diverses, ont certainement conduit plusieurs d'entre nous à se demander comment cette propriété s'est créée, quels personnages l'ont habitée, quels souvenirs historiques s'y rattachent. Pour ceux-là et pour tous ceux qui s'intéressent à l'histoire des choses anciennes, nous allons donner le résultat des recherches que nous avons faites sur ce sujet, bien ignoré de tous, jusqu'à ce que notre étude eût paru dans le *Bulletin de la Société historique d'Auteuil et de Passy* (1).

Maison Ternaux-Rousseau
(École Jean-Baptiste Say, Villa Molitor)

On connaît assez bien l'histoire de cette propriété depuis Ternaux-Rousseau, le grand manufacturier qui l'acheta en 1804. On sait que M. Ternaux (né en 1765, mort en 1833, député de Paris en 1818 et 1822) non seulement s'occupa de conserver et d'embellir le parc, mais qu'il y étudia l'élevage de moutons mérinos et

---

(1) Année 1914. Ce Bulletin (n° XLVIII) comprend, sous le titre *Autoliana*, une série d'études sur l'histoire d'Auteuil.

de chèvres du Thibet, récemment introduits en France, avec la laine desquels il parvint à fabriquer de beaux châles, dits cachemires français ou châles Ternaux, en concurrence avec les cachemires de l'Inde, si à la mode, depuis la campagne d'Égypte et jusqu'en 1870, mais hors de la portée de bien des bourses; qu'après lui, la propriété passa à M. Lavessière, puis à l'abbé Lévêque. Mais l'histoire ancienne de cette propriété est peu connue et embrouillée. Son sort a été confondu avec celui d'une maison voisine (peut-être, dans la suite, absorbée en grande partie par elle), la maison Prévost (*Bulletin*, 1903, p. 151, article de M. Mar; *Histoire du XVIe arrondissement*, par M. Doniol, p. 212 et la note). Nous suivons à cet égard M. Parent de Rosan, et nous pensons que M. Mar s'est un peu écarté de la réalité en disant que l'acquisition, en 1775, d'une propriété Galpin par Antoine-François Hébert, se rapportait à un immeuble situé à peu près à l'angle de la rue La Fontaine et de la rue Mozart. Galpin, fort gros propriétaire au vieil Auteuil, y possédait plusieurs immeubles bien distincts.

Voici, d'après les pièces qui vont suivre, les principaux propriétaires de celui qui nous occupe : veuve Guillaume de Melet, avant 1714; Galpin, acquéreur en 1714; Rolland de Fontferrière, 1753; Hébert, 1775; Micault d'Harvelay, 1785; Pignon, 1786; Ternaux, 1804.

1753, 11 septembre (1). — Par contrat devant Dutartre, notaire à Paris, le 1er septembre, Joseph-Jacques-Sébastien Gazon, conseiller du roy, directeur de la monnoye de Rennes et receveur des fouages de l'évesché de Quimper, et Julie Le Manye, son épouse, ont vendu, ledit sieur Gazon tant en sa qualité d'héritier par bénéfice d'inventaire de Sébastien-Joseph Galpin (2), trésorier de France au bureau de la généralité de Paris, qu'en son propre et privé nom, à Pierre-François-Rolland de Fontferrière, écuyer, conseiller secrétaire du roy..., une maison à Auteuil, consistant en un corps de logis presque quarré, auquel on arrive par une grande cour, ornée de tilleuls en palissade, attenant laquelle cour en sont deux autres avec écuries, remises, grenier, logement de jardinier et glacière, chapelle et sacristie entre les deux cours, grand jardin, autre servant de potager, tenant aux religieux de Sainte-Geneviève, à l'abbé du Resnel, à la rue des Garennes, au chemin d'Auteuil à Boulogne, et par devant à la rue du Buys. Plus un quartier de terre en luzerne, lieu dit Sous-les-Clos, devant la grille du jardin, le chemin qui conduit

---

(1) Auteuil. Registre des Ensaisinements de l'Abbaye de Sainte-Geneviève. Archives nat., section adm., S. 1681.

(2) Décédé à Paris, le 12 juin 1750, à l'âge de quatre-vingt-trois ans, et inhumé le lendemain en l'église Saint-Eustache.

à la Seine entre deux. Comme aussi le droit de banc dans l'église. Le tout appartenant auxdits sieur et dame Gazon, du chef dudit Gazon, au moyen de l'adjudication à lui faite à titre d'arrangement de famille entre héritiers et légataires universels dudit Galpin par acte devant Martel, notaire à Paris, le 16 octobre 1751. Auquel Galpin les biens ci-dessus appartenoient par acquisition, conjointement avec Marguerite Gillon, son épouse, de Bernarde Lubin Dardivillier, veuve de Guillaume de Melet, conseiller au Parlement de Toulouse, devant Desvalette, notaire à Paris, le 13 octobre 1714... et au moyen des changemens, embellissemens et constructions faites par ledit Galpin... et par abandonnement audit Galpin dans le partage de leur communauté devant Périchon, notaire à Paris, le 1er juillet 1744. Plus les vendeurs ont vendu audit de Fontferrière 29 parcelles de terre Sous-les-Clos, provenant du même legs... plus les tableaux, glaces, commodes, armoires, dessus de marbre, ornemens de chapelle, linge, tapisseries, ustensiles de jardin, meubles, effets de ménage qui garnissent ladite maison. Moyennant 75.000 francs donnés aux vendeurs, dont 20.000 pour lesdits objets mobiliers.

1775, 26 septembre. — Par sentence de licitation rendue au Châtelet de Paris, le 9 août 1775, entre Barthélemy-Gabriel Rolland, chevalier, comte de Chambaudoin, président au Parlement et Barthélemy-Louis Rolland, chevalier, seigneur d'Angervilliers et de Villarceaux, receveur général des finances, ayant droit de recueillir, chacun pour un tiers, les meubles et acquits de la succession de Pierre-François Rolland, de Fontferrière, écuyer, seigneur d'Angervilliers, savoir :... Appert avoir été adjugé à Antoine-François Hébert, écuyer, trésorier général de l'argenterie, menus plaisirs et affaires de la chambre du roy, rue des Saints-Pères (paroisse Saint-Sulpice) : Une maison à Auteuil, sur sur la place renfoncée dite le carrefour du Buis, dépendant en partie de ladite maison, et sur laquelle aboutissent différentes rues du village, consistant savoir : Une grande cour, corps de logis ensuite, bâtimens en aile à droite, basse-cour à gauche entourée de bâtimens, cour sablée ensuite..., et un grand jardin ; au fond de la place entrée par une porte cochère de menuiserie, avec guichet, ornée de sculpture par dehors, dans une baye cintrée en pierre de taille, couronnée de corniches... au pourtour de la cour barrières de charpente, ladite cour formant partie circulaire à son entrée, laquelle partie circulaire renferme à droite un logement de portier... rangées de tilleuls de chaque côté. Sur la place puits commun avec les habitants, en maçonnerie, fermé de sa porte. Plus 25 pièces de terre, dont 4 au terroir de Boulogne. Ladite adjudication faite moyennant le prix de 80.000 francs.

Journal des Affiches, 1752, 6 mars. — A vendre maison de campagne meublée ou non, provenant de la succession de M. Galpin,

— 34 —

trésorier de France. La maison seule a coûté plus de 400.000 francs. On s'adressera à madame Gazon, rue de Bourbon.

1785, 23 mai (1). — Par contrat devant Duclos-Dufresnoy, notaire à Paris, le 10... Appert Antoine-François Hébert, écuyer, ancien trésorier-général des menus plaisirs du roy. A vendu à Joseph Micault d'Harvelay, conseiller du roy, garde de son trésor

TERNAUX (G.-L.), propriétaire à Auteuil.

royal : 1º Une grande maison bourgeoise, à Auteuil, grande rue, bâtimens, jardins, et toutes les pièces de terre (sans autre exception que celles échangées) qui lui ont été adjugées moyennant 80.000 livres par sentence du Châtelet, du 9 août 1775, sur licitation après le décès de Pierre-François Rolland de Fontferrière;

(1) Auteuil. Registre des Ensaisinements de l'abbaye de Sainte-Geneviève. Arch. nat., S. 1682.

2º et 40 pièces de terre acquises par le vendeur de 1776 à 1784, avec quelques petits bâtimens. Total des acquisitions : 11 arpens, 29 perches. Prix : 130.000 livres.

1787, 18 juin. — Par contrat devant Picquais, notaire à Paris, le 24 mai... Appert Rose-Josèphe de Nettine, veuve de Joseph Micault d'Harvelay, chevalier, conseiller d'État, et Jean vivant Micault de Courbeton, chevalier, conseiller du roy, président à mortier au Parlement de Bourgogne, et Marie-Françoise Trudaine son épouse... avoir vendu à Michel Pignon, écuyer, secrétaire du roi, et l'un des fermiers généraux de S. M.... : 1º la grande maison ci-dessus (Galpin). — 2º, 3º, 4º, 5º, 6º, 7º (deux maisons et des pièces de terre). Appartient le tout à la veuve.... en qualité... Prix de la vente : 150.000 livres.

Journal d'Affiches, 1803, 10 août. — A vendre : Grande et belle maison, Grande-Rue d'Auteuil, provenant de la succession de la dame veuve Pignon, construite et embellie par les citoyens Hébert et Micault d'Harvelay, garde du ci-devant trésor public, qui y ont dépensé plus de 300.000 francs. Cour d'honneur, jardin potager, anglais, orangerie, pompe avec manège. Sept croisées de face sur la cour, aile, dix de face sur le jardin. Ecurie pour trente chevaux. Douze hectares ou 33 arpens. Vue sur la route de Versailles, la Seine, Meudon. Bâtiments en face de la maison contenant la pompe, le manège, le réservoir. Adjugé sauf quinzaine : 114.950 francs ; le 14 septembre sur 120.000 francs.

1804, 4 avril. — Palais de justice, greffe des criées. — A la requête de dame Angélique-Euphrasie Pignon, épouse divorcée du citoyen Jean-Baptiste Tourteau-Septeuil..., héritière pour moitié... d'Angélique-Catherine-Jeanne Gabriel, sa mère, veuve de Michel Pignon, décédée le 27 frimaire an XI à Auteuil (1)... Enchérit et met à prix ladite maison en deux lots. Désignation : 1ᵉʳ lot : une grande et belle maison de plaisance ayant son entrée par un fer à cheval et une porte cochère à côté de laquelle est un bâtiment pour le portier. Cour d'honneur, flanquée de droite et de gauche par deux pavillons symétriques élevés de rez-de-chaussée, d'un étage carré avec fronton et comble couvert en ardoises. Deux basses-cours à gauche entourées de bâtiments avec écuries pour plus de 30 chevaux et remises pour les voitures. A droite, derrière le pavillon, un petit terrain destiné aux plantes médicinales conduisant à de grands souterrains voûtés sous le bâtiment de la salle de billard, avec communication au grand jar-

---

(1) Soixante-quatre ans, née à Versailles. Déclarant le décès : Jean-Baptiste Tourteau-Septeuil, gendre, quarante-huit ans, et Ange Gabriel, frère, soixante-cinq ans. Benoit, maire. Registre municipal.

din. Au fond de la cour d'honneur est le principal corps de bâtiment, semi-double en profondeur, élevé au-dessus des caves d'un rez-de-chaussée, d'un étage carré et comble, ayant au levant sur la cour sept croisées de face, item au couchant sur le jardin, avec jalousies persiennes dans toute cette façade. A droite dudit bâtiment et y attenant, un autre bâtiment en aile de dix croisées de face, rez-de-chaussée seulement, surmonté d'une lanterne dans son milieu, ledit bâtiment forme une grande et superbe salle de billard. A gauche dudit principal corps de bâtiment, jardin potager d'environ un demi-hectare derrière lequel est une figuerie. En face du principal corps de bâtiment et du bâtiment en aile, est le grand jardin d'agrément, à l'anglaise, qui s'étend jusque et par delà le mur ci-devant saut-de-loup, actuellement soutenant les terres en ligne droite et qui se prolonge jusqu'au mur longeant le chemin d'Auteuil au Point-du-Jour, et au delà, en retour d'équerre, jusqu'à la berge du grand chemin de Paris à Versailles. A cette extrémité, sur le plateau, est un champignon de chaume soutenu par dix piliers ronds en bois, formant colonnes (1). A droite du grand chemin est l'orangerie, composée d'un bâtiment à hauteur de rez-de-chaussée, de six grandes croisées de face, avec jardin potager, fleuriste et melonnière, clos en demi-cercle à claire-voie du côté du grand jardin.

Du même côté et de distance en distance sur la rue des Garennes (2) conduisant au Point-du-Jour, sont 1º un hangar sur poteaux couvert en chaume; 2º une porte charretière et une porte cavalière; 3º un bâtiment pour le jardinier du jardin d'agrément; 4º et au bout du grand jardin, dans le mur de clôture sur le chemin de la rue des Garennes au Point-du-Jour, une autre porte charretière et cavalière. Dans les bâtiments, basses-cours et jardins, il existe des réservoirs dont l'eau provient de la pompe ci-après. Le tout forme un ensemble d'environ 12 hectares, clos par les bâtiments, par des murs à hauteur ordinaire; tenant au levant du côté d'Auteuil à la rue du Buis, du couchant au chemin du Point-du-Jour, du midi au clos des Moines de Sainte-Geneviève, et s'étendant par hache au grand chemin de Paris à Versailles, et du nord à la rue des Garennes.

Description de l'intérieur de l'enclos. Bâtiment du portier : à droite de l'entrée de la cour d'honneur, petit pavillon en ardoises, à rez-de-chaussée. Pavillon à droite de l'autre cour (3); escalier en grès; à gauche de l'escalier, salle de bains avec baignoire portative à deux robinets et cheminée garnie de cham-

---

(1) Ce coin de la propriété a été reproduit en gravure, et cette gravure figurait à l'Exposition de la Société historique d'Auteuil et de Passy, au musée Guimet, en 1904.

(2) Dénommée plus tard : rue Boileau, en raison de la propriété habitée par Boileau.

(3) C'est là que, de notre temps, était établi l'Économat.

branles et tablette de marbre, dallage en pierre, caniveau pour la vidange... fourneau avec chaudière; ensuite laboratoire de pharmacie avec cheminée en hotte et pierre à laver; au-dessus, étage carré divisé en quatre pièces, dont deux à cheminée en marbre, avec trumeaux de glace en deux morceaux. Pavillon à gauche de la cour (1) avec perron en pierre : communs, office, cuisine, pâtisserie, etc , corridor communiquant au principal corps de logis, escalier id. Lavoir..., auge pour la glace à rafraîchir, bouge pour piler la glace Ancienne chapelle : au-dessus desdits offices et cuisines, une première pièce ci-devant chapelle, boisée et carrelée de terre cuite, cave, 2 châssis vitrés à 2 vanteaux sur la cour, ensuite un cabinet. Appartements sur la cour des remises : 6 chambres à coucher; cheminées en pierre et en marbre; lingerie avec armoires; garde-meubles. Principal bâtiment : rez-de-chaussée : vestibule avec perron de trois marches en pierre, belle salle à manger, petit salon, grand et magnifique salon (2), belle chambre à coucher avec cabinet de toilette et garde-robe à l'anglaise, faux entresol pour valets et femmes de chambre; 2 colonnes de pierre soutiennent le balcon saillant du premier étage; grand poêle dans le vestibule, id. dans la salle à manger chauffant le petit salon; le petit salon décoré de peintures à fresque, le grand décoré de sculptures avec 6 médaillons peints sur toile dans leurs bordures dorées; 5 trumeaux de glace, chacun de 3 volumes; la chambre à coucher aussi bien décorée; le tout parqueté. Le grand escalier tout en pierre; rampe de fer ornée de panneaux à roulement. Jardin : Boulingrin (il est en ce moment semé en luzerne et en avoine); beaux arbres de France en variété infinie; grandes allées sinueuses, petits ponts de bois; haies vives, talus; quinconce de marronniers en face la route de Versailles ou plutôt vers la rue des Garennes, du côté du bâtiment du jardinier; bassins avec robinet alimenté par la pompe. Le bâtiment de la pompe et du manège est dans la masse de bâtiments à gauche de la cour d'honneur Tuyaux en fer ou en plomb. Le 2e lot est composé des bâtiments de la pompe à l'exception du manège; une partie est appliquée à un logement de traiteur, boutique, salles et 2 chambres. Écurie. Deux autres petites boutiques.

Citons enfin, d'après Cocheris, les mariages suivants célébrés dans la chapelle domestique de cette maison :

Du temps de Galpin : Clément-Nicolas Emmerez du Charmoy avec Pélagie Gilette Gardin de la Glestière, le 18 mai 1750;

Du temps de Rolland de Fontferrière : Jean Ours de Luinemont avec Albertine-Charlotte-Sixtine Marion de la Soudraye, le 6 novembre 1770; André-Claude, marquis de Chamborant, avec Marie-Julie Vassal, le 6 février de la même année;

(1) C'est là qu'avait été organisée l'infirmerie de notre institution.
(2) Notre parloir.

Lorsque Hébert était propriétaire : Michel-Louis Poulain de Maisonville avec Étiennette-Louise-Félicité Rouault d'Egreville, le 17 août 1776 ; Antoine-Louis-Alphonse Marie, comte de Rostaing, avec Denise-Madeleine de la Fagerdie de Luval, le 25 avril 1782.

Après la Révolution, la chapelle particulière de cette maison fut rouverte ; on y célébra le mariage du fils du général Lafayette avec la fille de Destutt de Tracy, philosophe-moraliste, membre de l'Institut, sénateur, puis pair de France, propriétaire et habitant d'Auteuil, né en 1754, mort en 1836, ainsi qu'on le voit dans les registres de la paroisse d'Auteuil : « 1802. Le 18 prairial, la
« bénédiction a été donnée dans la chapelle particulière de Mad.
« Pignon avec la permission de Mgr l'archevêque, en notre pré-
« sence, par M. Fayon, prêtre de la communauté de Saint-Roch,
« à Georges-Washington Motier de la Fayette, fils majeur de
« Marie-Paul-Joseph-Yves-Gilbert Motier de la Fayette et de
« Marie-Adrienne-Françoise de Noailles, son épouse, et à Fran-
« çoise-Émilie Destutt Tracy, fille majeure d'Antoine-Louis-
« Claude Destutt Tracy et d'Émilie-Louise Durfort-Civrac, son
« épouse. — Vaschalde, curé. »

TABARIÉS DE GRANDSAIGNES

PARIS. — IMPRIMERIE DE CH. NOBLET.
13, RUE CUJAS, 13.

www.ingramcontent.com/pod-product-compliance
Lightning Source LLC
Chambersburg PA
CBHW060507050426
42451CB00009B/862